Susanne Reiter-Westphal

Italienische Vorspeisen
Antipasti

FALKEN

Vorwort

Es ist ein Irrtum, daß die italienische Küche nur aus Nudelvariationen besteht: Die Kochkunst der Italiener fängt mit dem ersten Gang an: den Antipasti (Einzahl Antipasto). Ins Deutsche übersetzt heißt Antipasti schlicht und einfach Vorspeise. Wenn sich die abwechslungsreichen, farbenfrohen, mediterranen Köstlichkeiten auf einem Buffet präsentieren, dann geschieht genau das, was auch passieren soll: Die Leckerbissen machen Appetit, öffnen den Magen, stimulieren die Geschmacksnerven. Heute gibt es kaum ein italienisches Restaurant, das nicht wenigstens mit einer kleinen Auswahl an Antipasti aufwarten kann. Und heute gibt es auch kaum jemanden, der nicht schon in Italien war und noch lange Zeit danach von den herrlichen Vorspeisen-Gerichten träumt.

Mit diesem Feinschmecker-Büchlein können Sie sich jene Köstlichkeiten nach Hause holen. Das, was Sie immer schon mal nachkochen wollten, finden Sie auf den folgenden Seiten beschrieben. Das kulinarische Angebot reicht von echten Klassikern und raffiniert abgewandelten traditionellen Speisen bis hin zu ganz neuen Rezepten – und für Eilige ist ebenso etwas dabei wie für fortgeschrittene Köche mit Muße.

Inhalt

KULINARISCHE VERFÜHRUNG AUF ITALIENISCH

Antipasti sind jene kleinen italienischen Köstlichkeiten, ohne die sich ein Italiener gar nicht erst an den Tisch setzt. Sei es nur ein Stück Salami, ein paar Happen eingelegte Paprika oder eine Ecke in Olivenöl getränktes Brot mit Knoblauch und Pesto.

Antipasti — Köstliches mit Tradition

Antipasti haben in Italien eine lange Tradition. Bereits die alten Römer ließen sich vor einem Mahl die gaumenkitzelnden pikanten „Naschereien" nicht entgehen. Doch die Art und Auswahl der verschiedenen Vorspeisen richtete sich nach dem Geldbeutel. In der besseren Gesellschaft wurde eine üppige Auswahl an bunten Leckerbissen kredenzt, die von Früchten, allerlei Gemüsen, Wild, Kräutern bis zu den verschiedensten Meeresfrüchten und sogar Austern reichte. Die weniger Betuchten gaben sich mit einem Stück Wurst, ein paar Oliven oder einigen Brocken in Olivenöl getränkten Brot zufrieden. Für alle waren es aber „ihre" Antipasti, die nicht nur einfach satt machen, sondern den Appetit und die Phantasie wecken und beflügeln sollten.

Im Laufe der Zeit hat sich eine bunte Vielzahl südländischer Antipasti-Spezialitäten einen festen Platz in Küchen und auf Speisenkarten erobert. Zahlreiche regionale Rezepte sind darunter, die entweder ganz typisch für eine Gegend sind, die man aus ganz frischen Zutaten herstellt, die direkt vor der Tür wachsen oder die als wohlgehütetes Familiengeheimnis von Generation zu Generation weitergegeben und gepflegt werden.

Viele Gerichte trugen Reiselustige in die Welt oder nahmen sie mit nach Hause. Konkurrenz haben Italiens Antipasti niemals bekommen. Sie überflügeln mühelos die Tapas aus Spanien, und auch so manche französischen Hors d'œuvre stellen sie ohne weiteres in den Schatten.

Wer einmal in Italien war und ein Restaurant oder eine Trattoria betrat, weiß, was passiert: Er sieht auf einem weißgedeckten Tisch ein aufgebautes Buffet mit verlokkenden Vorspeisen – wer kann da widerstehen.

Sonnengereiftes Gemüse

Zweifellos steht fest, daß die Italiener für frisches, knackiges Gemüse mehr übrig haben als für ein Stück Fleisch. Kein Wunder, denn sie leben in einem Land, wo Gemüse hervorragend gedeiht.

Artischocken
In Europa waren es die Italiener, die den delikaten, leicht bitteren Geschmack dieser Distelfrucht entdeckten und sie auf großen Plantagen in der Toskana kultivierten. Gekochte Artischocken ißt man, indem Blatt für Blatt abgezupft, in eine Sauce gedippt und mit den Zähnen abgestreift wird. Im Inneren verbirgt sich der beste Bissen: das Herz und der fleischige, süßliche Boden. Einkaufstip: Früchte mit festsitzenden Blättern bevorzugen.

Auberginen
Ursprünglich in Indien beheimatet, kamen sie über Arabien und Afrika nach Südeuropa. Frische Auberginen erkennt man an der glänzend-glatten, dunkelvioletten Haut und am knackig grünen, stacheligen Stiel. Die Früchte werden entweder gekocht, gedünstet oder geschmort. Am besten schmekken sie aber gebraten und überbacken. Da Auberginen allerdings kein ausgeprägtes eigenes Aroma besitzen, dürfen Gewürze, Kräuter und natürlich Knoblauch niemals fehlen.

Brokkoli
Sie sind Verwandte unseres Blumenkohls. In Italien werden über 30 verschiedene Sorten angebaut. Mit ihren dunkelgrünen, manchmal auch grün-violetten, dichten, krausen Blüten erinnern sie im Geschmack ein wenig an Spargel. Die zarten Blätter sollte man vor dem Kochen abzupfen, in den Salat geben oder gehackt über das Gemüse streuen.

Fenchel
Eine echte italienische Spezialität mit kräftigem Geschmack, vielen Vitaminen und Mineralstoffen. Die Knollen sind am besten, wenn sie weiß bis zart grün aussehen. Sie werden gern für Salate genommen, gedünstet oder gebraten. Das Blattgrün aber immer roh an das fertige Gericht geben. Küchentip: Zerkleinerten Fenchel sofort mit Zitronensaft beträufeln, damit er schön weiß bleibt.

Paprikaschoten
Einst in Brasilien heimisch, erschienen Paprikaschoten in Europa mit der Entdekkung Amerikas. In der italienischen Küche werden sie wegen ihres frischen Aromas, ihrer Süße und ihrer kräftigen Farben geschätzt. Besonders fleischig und lieblich schmecken die roten Früchte. Zu den scharfen Paprikasorten zählen die Chilischoten und Peperoni, die frisch, getrocknet oder eingelegt angeboten werden. Peperoni gibt es ebenfalls in Rot, Gelb oder Grün. Die Farbe sagt allerdings nichts über die Schärfe aus. Den feurigen Geschmack geben nur die weißen Samen und die Rippen im Inneren.

Tomaten
Columbus brachte sie nach Europa mit, wo sie Mitte des 16. Jahrhunderts zum erstenmal in Italien angebaut wurden. Bis heute zählen sie zu dem wichtigsten Gemüse der italienischen Küche. Neben den runden Früchten, beispielsweise für Salate, bieten sich vor allem die gerippten Fleischtomaten für Gemüsegerichte und zum Füllen an. Die länglichen Birnen-, Eier- oder Flaschentomaten eignen sich zum Dünsten oder Grillen. Sie enthalten wenig Wasser, deshalb verarbeitet man sie in Italien am liebsten zu kräftigen Saucen. Kräuter, die zu Tomaten passen: Basilikum, Estragon, Rosmarin und Salbei.

Zucchini
Sie sind eine Kürbisart, die im milden Sonnenklima Italiens besonders gut gedeihen. Ihr Geschmack: neutral, ähnlich wie Gurken; deshalb sollte man auch bei der Zubereitung mit Gewürzen und Kräutern nicht sparen. Ideal: Dill, Pfefferminze, Cayennepfeffer und Knoblauch.

Zarter Schinken, pikante Wurst

Viele italienische Schinken- und Wurstspezialitäten haben sich auf der ganzen Welt einen Namen gemacht. Ihr Geschmack ist unverwechselbar, ihre jahrhundertalte Tradition durch nichts zu überbieten. Mit einem großen handwerklichen Können und viel Geduld bereiten italienische Meister Schinken und Wurst noch heute nach überlieferten Rezepten zu.

Parmaschinken

Der „Prosciutto di Parma", der Parmaschinken, ist die wohl berühmteste Spezialität Italiens. Er hat eine über 2000 Jahre alte Tradition und darf nur in einem gesetzlich festgelegten Gebiet in der Region Emilia-Romagna hergestellt werden. Ebenso sind für die Verarbeitung ausgesuchte Schweine einer einzigen Rasse vorgeschrieben. Vom frischen Fleisch wird zunächst alles überflüssige Fett entfernt, dann von Hand mit einer sehr gering dosierten Menge Meersalz eingerieben und kräftig einmassiert. Den werdenden Schinken muß man anschließend gut zwei Monate lang regelmäßig wenden, waschen und wieder salzen. Danach kommt er zum Reifen in die Sonne, wo er „atmen" kann. Denn die Luft in der Hügellandschaft von Parma, Berganza und Taro ist mild, besonders würzig und rein. Etwa ein Jahr hängen die Stücke dort bis zur optimalen Reife. Nur solche Schinken, die während der Herstellung sämtliche Qualitätskontrollen bestanden haben, erhalten als Markenzeichen ein Siegel eingebrannt: die fünfzackige Krone der Herzöge von Parma.

Parmaschinken schmeckt nur hauchdünn geschnitten. Sein typisches Aroma entwickelt sich am besten bei Zimmertemperatur. Nehmen Sie ihn also rechtzeitig vor dem Verzehr aus dem Kühlschrank.

San-Daniele-Schinken

Im Herzen der norditalienischen Region Friaul reift in dem kleinen Städtchen San Daniele eine luftgetrocknete Spezialität: der San-Daniele-Schinken mit seinem milden, zarten Aroma. Mindestens neun Monate reifen die in eine „Gitarrenform" gepreß-

ten Stücke in der klimatisch sehr günstigen San Danieler Bergluft. Das Pressen in diese Form hat einen besonderen Sinn: es reduziert die Größe des Schinkens und beschleunigt den Entwässerungsprozeß – die Voraussetzung für eine optimale Reifung.

Coppa-Schinken

Das ist eine luftgetrocknete Spezialität aus Schweinefleisch, die eigentlich überall in Italien hergestellt wird. Der beste kommt aber aus Parma und Piacenza. Coppa erkennt man leicht an dem mit Fettsträngen durchzogenen Fleisch. Er wird aus Nakkenstücken ausgewachsener Schweine hergestellt, die man trocken salzt und mit natürlichen Aromastoffen würzt, bevor sie in Lagerräumen mit ausgewogenen Feuchtigkeits- und Temperaturbedingungen 4 bis 6 Monate reifen.

Mailänder Salami

Sie wird aus magerem Rindfleisch und Schweinefleisch hergestellt und ist eine luftgetrocknete Spezialität. Außer Salz und natürlichen Aromastoffen kommen keine weiteren Zutaten in die Wurst. Mailänder Salami kann längere Zeit bei Raumtemperatur gelagert werden, ohne Qualität einzubüßen.

Bresaola

Dieser spezielle Schinken kommt aus dem Veltlin. Er wird aus ganzen Muskelteilen von Rind- und Ochsenschenkeln hergestellt, trokken gesalzen und mit Pfeffer und natürlichen Aromastoffen geschmacklich abgerundet. Nach dem Salzen bleiben die Stücke einige Tage in der Pökelkammer. Anschließend packt man sie in eine Hülle, die die Entwässerung begünstigt. Zum Schluß wird Bresaola für längere Zeit luftgetrocknet.

Mortadella

Charakteristisch: der magere, sehr fein durchgedrehte Fleischteig, durchsetzt mit abgebrühten Fettwürfeln. Im Gegensatz zu vielen anderen Wurstsorten wird der Mortadella kein Wasser zugefügt. Dadurch bleibt ihr kräftig würziger Geschmack erhalten. Die geringe Feuchtigkeit und die lange Kochzeit gewährleisten eine relativ gute Haltbarkeit auch bei Raumtemperatur. Um die Qualität jedoch zu erhalten, sollte man sie bei Temperaturen unter 10° C aufbewahren. Fast jede italienische Region hat ihre Mortadella-Spezialität. In der Toskana beispielsweise gibt es eine Wurst nach Art der Mortadella, die mit Fenchel gewürzt ist.

Von den Früchten des Meeres

Fisch und Meeresfrüchte haben in der italienischen Küche einen festen Platz. Natürlich dürfen sie auch bei den vielfältigen Antipasti nicht fehlen.

Jakobsmuscheln leben in Küstennähe im Atlantik und Mittelmeer. Das Muschelfleisch besteht aus zwei Teilen: einem festen, weißen Schließmuskel und einem orangefarbenen Stück, das besonders zart und würzig schmeckt. Bei uns wird das Fleisch meist aus der Muschel ausgelöst und pochiert angeboten.

Scampi sind mit Hummer und Languste verwandt. Mit ihrem Namen gibt es häufig Verwirrung, denn sie werden auch Kaisergrant, Langustino oder Tiefseehummer genannt. Verwendet werden nur die fleischigen Schwänze (in den Scheren steckt kaum Fleisch), die sowohl frisch als auch tiefgefroren angeboten werden.

Tintenfische sind im Mittelmeer und im Atlantik beheimatet. Sie haben fast gummiartiges Fleisch, das sich aber ganz weich kochen läßt. Am besten schmecken die fleischigen Arme. Zur Verwandtschaft zählen der violette Kalamar und der achtarmige Oktopus. Alle werden frisch, tiefgefroren oder konserviert angeboten.

Miesmuscheln sind die wichtigste eßbare Muschelart, die an den europäischen Küsten vorkommt. Herz-, Venus- sowie Teppichmuscheln sind mit maximal 6 Zentimeter Größe die kleinsten in der Muschelfamilie. In den Monaten mit „r" erhalten Sie bei uns frische Muscheln, sonst gibt es sie meist gekocht oder konserviert.

Sardinen sind kleine heringsähnliche Fische. Sie werden im Mittelmeer und vor der Atlantikküste gefangen. Die Anchovis gehören in die gleiche Familie. Sardinen werden meist als Ganzes, Anchovis meist als Filets in Öl eingelegt angeboten. Neuerdings bietet man Sardinen auch frisch oder tiefgekühlt an.

Von Parmesan bis Ricotta

Als einen Genuß besonderer Art rühmen Feinschmecker Italiens große Auswahl an Käse. Er wird vor und nach dem Essen serviert und ist natürlich auch unentbehrlich beim Kochen.

Pecorino
Man unterscheidet den Pecorino Romano – ein zylindrisch geformter Hartkäse aus Schafsmilch – und den Pecorino Siciliano – ein etwas weicherer Hartkäse aus Schafsmilch, der nur in Sizilien von Oktober bis Juni hergestellt wird. Beide Sorten schmecken pikant und eignen sich als Tafel- und Reibkäse.

Parmesan (Parigiano)
Ein Hartkäse aus reiner Kuhmilch, der laut Gesetz nur in Parma, Modena, Mantua und Bologna hergestellt wird. Sein Teig ist strohgelb und je nach Reifegrad schnitt- oder reibefähig. Sein charakteristisches Aroma: wohlriechend, fein-würzig bis mild-pikant.

Mozzarella
Ein mild-säuerlicher Frischkäse aus Büffel- oder Kuhmilch. Er besitzt keine Rinde und wird deshalb, um ein Austrocknen zu vermeiden, in einer Flüssigkeit angeboten. Der schnittfeste, weiße Teig eignet sich ideal zum Überbacken.

Ricotta
Das ist eine quarkähnliche Spezialität aus Schafs- oder Kuhmilch, die man gern für Pasta asciutta, Salatsaucen und Süßspeisen verwendet. Es gibt weichere und festere Sorten.

Gorgonzola
Ein Edelpilzkäse aus Kuhmilch, der aus der Lombardei kommt. Nach zwei bis drei Monaten ist der mit Schimmel durchsetzte Käse ausgereift. Zur Auswahl stehen der Gorgonzola classico – eine feste, pikante Sorte, und der Gorgonzola dolce latte mit seinem milderen Aroma und einer weicheren Konsistenz.

Frisch, knackig, bunt — raffinierte Salate

Gleich welche Jahreszeit, welcher Anlaß oder Tag – Salate haben für Italiener immer Saison. Wer sie aber als „Ouvertüre“ servieren will, begnügt sich nicht nur mit ein paar grünen Blättern, sondern mixt ein Potpourri aus Meeresfrüchten, Gemüsen, dicken Bohnen, Käse, Knoblauch, Kapern und vielen, vielen Kräutern.

(Salat mit Schafskäse, Rezept S. 14)

Salat mit Schafskäse

Insalata con formaggio pecorino

Für 4 Personen

Zubereitungszeit: ca. 20 Min.
ca. 1785 kcal/7470 kJ

1 Salatgurke
250 g fester Ricotta
(oder anderer Schafskäse)
1 Bund Pfefferminze
6 EL Olivenöl
3 EL Balsamicoessig
Salz
Pfeffer aus der Mühle
1 Prise Zucker
12 schwarze Oliven

1. Die Salatgurke waschen, abtrocknen und in dünne Scheiben schneiden. Den Ricotta grob zerbröckeln. Beides auf einer Platte oder 4 Tellern anrichten.
2. Die Pfefferminze waschen, trockentupfen und die Hälfte davon fein hacken.
3. Das Olivenöl mit dem Balsamicoessig, Salz, Pfeffer, Zucker und der gehackten Minze gut verrühren.
4. Den Salat mit der Sauce beträufeln. Die Pfefferminzblätter und die Oliven darüber verteilen.
(auf dem Foto S. 12/13)

Feldsalat mit Tomatensauce

Lattughella alla salsa di pomodoro

Für 4 Personen

Zubereitungszeit: ca. 40 Min.
ca. 1080 kcal/4520 kJ

Tomatensauce:
350 g Fleischtomaten
2 Zwiebeln
2 Knoblauchzehen
4 EL Olivenöl
1 EL Tomatenmark
2 TL getrockneter Thymian
2 TL getrockneter Oregano
1 Lorbeerblatt
1 TL Zucker
Salz
Pfeffer aus der Mühle

Salat:
250 g Feldsalat
2 Chicoréestauden
100 g Pecorinokäse am Stück

1. Die Tomaten häuten, quer halbieren und die Kerne mit einem Teelöffel herausholen. Das Fruchtfleisch grob würfeln. Die Zwiebeln und die Knoblauchzehen schälen sowie fein hacken.
2. Das Olivenöl erhitzen. Die Zwiebeln und den Knoblauch darin anbraten. Dann die Tomatenwürfel, das Tomatenmark, die getrockneten Kräuter, das Lorbeerblatt, Zucker, Salz und Pfeffer hinzufügen. Alles gut verrühren und etwa 1 Stunde bei mittlerer Hitze köcheln lassen.
3. Die Tomatensauce nochmals abschmecken, durch ein Sieb streichen und abkühlen lassen.
4. Den Feldsalat verlesen, gründlich waschen und in einer Salatschleuder trocknen oder in einem Küchenhandtuch schwenken.
5. Von dem Chicorée die äußeren Blätter entfernen und den Strunk keilförmig herausschneiden. Die Blätter wie einen Stern auf 4 große Teller anrichten. In die Mitte den Feldsalat legen.
6. Löffelweise die abgekühlte Tomatensauce darübergeben. Mit frisch gehobeltem Pecorinokäse bestreuen.
(auf dem Foto rechts)

Feinschmecker-Tip

Die Tomatensauce sollten Sie gleich in größeren Portionen vorbereiten. Sie hält sich im Kühlschrank mindestens eine Woche, sie kann auch portionsweise eingefroren werden.

Röschensalat

Insalata di broccoli

Für 4 Personen

Zubereitungszeit: ca. 35 Min.
ca. 1380 kcal/5775 kJ

je 250 g Brokkoli-, weiße und grüne Blumenkohlröschen
Salz
4 rote Zwiebeln
2 EL Kapern
1 TL eingelegte grüne Pfefferkörner
¼ l Olivenöl
⅛ l Weißweinessig
25 g gehobelte Mandeln

1. Die Kohlröschen gründlich waschen, den Strunk kreuzweise einschneiden, dann in wenig Salzwasser bißfest dünsten. Abtropfen und abkühlen lassen.
2. Die Zwiebeln schälen und zusammen mit den Kapern und den Pfefferkörnern fein hacken. Mit dem Olivenöl, dem Weißweinessig und etwas Salz gut verrühren.
3. Die Marinade über die Kohlröschen gießen und vorsichtig mischen. Mindestens einen Tag zum Durchziehen in den Kühlschrank stellen. Zwischendurch immer wieder wenden.
4. Die gehobelten Mandeln jetzt in einer beschichteten Pfanne ohne Fett goldgelb rösten. Erst vor dem Servieren über den Röschensalat streuen.
(auf dem Foto: oben)

Möhrensalat mit Anchovisfilets

Insalata di carote con filetti di acciughe

Für 4 Personen

Zubereitungszeit: ca. 25 Min.
ca. 835 kcal/3495 kJ

800 g Möhren
5 Anchovisfilets
1 Zwiebel
1 TL milder Senf
4 EL Olivenöl
1 EL Weißweinessig
1 EL Zitronensaft
Pfeffer aus der Mühle
2 Zweige Thymian .

1. Die Möhren schälen, waschen und grob raffeln.
2. 3 Anchovisfilets mit einer Gabel zerdrücken. Die Zwiebel schälen, reiben und dazugeben. Den Senf, das Olivenöl, den Weißweinessig, den Zitronensaft und den Pfeffer hinzufügen und alles gut miteinander verrühren.
3. Die Marinade über die geraffelten Möhren gießen, gut mischen und etwas durchziehen lassen.
4. Den Thymian waschen, trocknen und den Salat mit den abgezupften Blättern dekorieren. Die restlichen Anchovisfilets in Stücke schneiden und über die Möhren verteilen.
(auf dem Foto: unten)

Brotsalat

Insalata di pane

Für 4 Personen

Zubereitungszeit: ca. 40 Min.
ca. 3240 kcal/13 555 kJ

- *2 Knoblauchzehen*
- *Salz*
- *etwa 180 ml Olivenöl*
- *500 g Weißbrot*
- *2 große Zwiebeln*
- *4 Fleischtomaten*
- *1 großer Fenchel*
- *2 gelbe Paprikaschoten*
- *1 Bund Basilikum*
- *4 EL Weißweinessig*
- *Pfeffer aus der Mühle*

1. Die 2 Knoblauchzehen schälen, zerdrücken und mit 1 Teelöffel Salz und 125 Milliliter Olivenöl verrühren.
2. Das Brot in dicke Scheiben schneiden und beidseitig mit dem Knoblauchöl bestreichen. Unter dem Grill goldbraun rösten.
3. Die Zwiebeln schälen und in Ringe schneiden. Das Gemüse putzen, waschen und grob würfeln. Das Basilikum waschen, trocknen und klein zupfen.
4. Das restliche Olivenöl mit dem Weißweinessig, Salz und Pfeffer verrühren.
5. Das Weißbrot mit Wasser befeuchten. Die gut durchgeweichten Scheiben mit 2 Gabeln zerpflücken.
6. Das Gemüse mit der Marinade mischen. Das Brot und das Basilikum unterheben. 3 bis 4 Stunden im Kühlschrank durchziehen lassen.
(auf dem Foto oben)

Tomaten-Avocado-Salat

Insalata di pomodori
e avocado

Für 4 Personen

Zubereitungszeit: ca. 40 Min.
ca. 2700 kcal/11 295 kJ

- *8 Wachteleier oder*
- *4 Hühnereier*
- *½ Kopf Lollo rosso*
- *400 g Tomaten*
- *2 Avocado*
- *6 EL Walnußöl*
- *3 EL Kräuteressig*
- *Salz*
- *Pfeffer aus der Mühle*
- *12 TL Pesto (siehe Rezept Seite 35)*
- *eventuell Basilikumblätter zum Dekorieren*

1. Die Wachtel- oder Hühnereier hart kochen, abkühlen lassen und schälen.
2. Die Salatblätter waschen, in einer Salatschleuder trocknen oder in einem Küchenhandtuch schwenken. 4 Teller damit auslegen.
3. Die Tomaten mit kochendem Wasser überbrühen, häuten, in Scheiben schneiden und fächerförmig auf den Salat legen.
4. Die Avocados der Länge nach halbieren und den Kern entfernen. Das Fruchtfleisch mit einem Kugelausstecher herausholen und in die Mitte der Teller verteilen.
5. Das Walnußöl mit dem Kräuteressig, Salz und Pfeffer verrühren und über die Avocadokugeln gießen.
6. Die Eier vierteln. Jeweils 3 Stücke auf die Tomaten legen. Darauf kommt ein Klacks Pesto. Den Salat nach Belieben mit Basilikumblättern dekorieren.
(auf dem Foto unten)

Variation

Statt Pesto schmeckt dazu auch selbstgemachter Knoblauchsenf: 50 Gramm Senfkörner über Nacht in lauwarmem Wasser einweichen. Gut abtropfen lassen, dann im Mörser zerreiben. 1 Eßlöffel Olivenöl, 6 Eßlöffel Weißweinessig, 1 zerdrückte Knoblauchzehe, Salz, Pfeffer und nach Belieben 1 Eßlöffel gehackten Estragon unter Rühren hinzufügen. Möglichst 2 Tage im Kühlschrank durchziehen lassen.

Nudelsalat mit Spinat

Insalata di pasta

Für 4 Personen

Zubereitungszeit: ca. 40 Min.
ca. 1550 kcal/6485 kJ

400 g Spinat
160 g Muschelnudeln, Salz
6 EL Olivenöl
300 g Tomaten
125 g Mortadella
2 Knoblauchzehen
½ Bund Majoran
50 g gehackte Pinienkerne
Cayennepfeffer
Essig und Zucker zum Würzen

1. Den Spinat waschen, verlesen, tropfnaß in einen Topf geben, kurz dünsten. Abtropfen und abkühlen lassen.
2. Die Nudeln in Salzwasser mit 2 Eßlöffeln Olivenöl bißfest kochen. Abgießen, mit 2 Eßlöffeln Olivenöl mischen und abkühlen lassen.
3. Die Tomaten häuten, entkernen und klein schneiden.
4. Die Mortadella würfeln. Die Knoblauchzehen schälen und zerdrücken. Den Majoran waschen, trocknen und hacken. Alles mit den Tomaten und den Pinienkernen in dem restlichen Öl etwa 10 Minuten erhitzen.
5. Die Sauce mit den Nudeln mischen. Den Spinat auseinanderzupfen und hinzufügen. Mit Salz, Pfeffer, Essig und Zucker abschmecken. Etwa 3 Stunden im Kühlschrank durchziehen lassen.
(auf dem Foto: oben)

Reissalat mit Rosinen

Insalata di riso con uva passa

Für 4 Personen

Zubereitungszeit: ca. 50 Min.
ca. 2840 kcal/11 880 kJ

180 g italienischer Rundkornreis
Salz
75 g Rosinen
50 g gehobelte Mandeln
175 g tiefgefrorene Erbsen
125 g geräucherte Zunge
1 gelbe Paprikaschote
50 g schwarze Oliven ohne Stein
50 g grüne Oliven ohne Stein
200 g Radicchio
etwa 8 Salbeiblätter
⅛ l Olivenöl
4 bis 6 EL Kräuteressig
1 gehäufter EL geriebener Parmesankäse
Pfeffer

1. Den Rundkornreis in Salzwasser bißfest kochen. Danach in einem Sieb mit kaltem Wasser abschrecken, dann abtropfen und abkühlen lassen.
2. Die Rosinen in warmem Wasser 15 Minuten einweichen. Die gehobelten Mandeln in einer beschichteten Pfanne ohne Fett goldgelb rösten.
3. Die tiefgefrorenen Erbsen für 3 Minuten in kochendes Wasser geben. Die geräucherte Zunge fein würfeln.
4. Die Paprikaschote vierteln. Den Stiel, die weißen Rippen und die Samen entfernen. Die Paprikastücke quer in schmale Streifen schneiden.
5. Die schwarzen und grünen Oliven hacken. Den Radicchio putzen, den Strunk keilförmig herausschneiden und waschen. Den Salat in feine Streifen schneiden.
6. Anschließend den Salbei waschen, trockentupfen und bis auf einige Blätter für die Dekoration in feine Streifen schneiden.
7. Sämtliche Salatzutaten mit dem Reis mischen. Das Olivenöl, den Kräuteressig, den Parmesankäse, Salz und Pfeffer verrühren und über den Salat gießen. Gut vermengen. Für etwa 2 Stunden im Kühlschrank durchziehen lassen. Den Reissalat mit Salbeiblättern garniert servieren.
(auf dem Foto: unten)

Feinschmecker-Tip

Nur im Sommer wird Salbei reichlich und preiswert angeboten. In Folie verpackt lassen sich Blätter oder ganze Stiele sehr gut einfrieren. Nach dem Auftauen können sie wie frischer Salbei verwendet werden. Für die Zubereitung ist wichtig: Je feiner die Blätter geschnitten werden, desto intensiver würzen sie.

Meeresfrüchtesalat

Insalata di frutti di mare

Für 4 Personen

Zubereitungszeit: ca. 55 Min.
ca. 1960 kcal/8200 kJ

- *500 g küchenfertige Tintenfische*
- *500 g Miesmuscheln*
- *250 g Herzmuscheln*
- *2 Zwiebeln*
- *½ unbehandelte Zitrone*
- *1 Lorbeerblatt*
- *1 Bund Petersilie*
- *½ l trockener italienischer Weißwein*
- *250 g Scampi ohne Schale*
- *2 Knoblauchzehen*
- *2 rote, eingelegte Peperoni*
- *10 schwarze Oliven ohne Stein*
- *1 Bund oder Töpfchen Basilikum*
- *8 EL Olivenöl*
- *Saft von 1 Zitrone*
- *Salz*
- *Pfeffer aus der Mühle*

1. Die Tintenfische und die Muscheln unter fließend kaltem Wasser putzen.
2. Die Zwiebeln schälen und vierteln. Die Zitronenhälfte in Scheiben schneiden. Beides zusammen mit dem Lorbeerblatt und den gewaschenen Petersilienstengeln in den Weißwein geben und aufkochen lassen.
3. Die Mies- und die Herzmuscheln in einem Sieb über den Wasserdampf hängen, bis sich die Schalen öffnen. Anschließend die Scampi für 2 Minuten, danach die Tintenfische für etwa 15 Minuten in dem Sud garen.
4. Alle Zutaten abkühlen lassen. Die Muscheln aus der Schale nehmen, Scampi sowie Tintenfische in mundgerechte Stücke schneiden. Danach alles gut mischen.
5. Nun die Knoblauchzehen schälen und durch eine Presse drücken. Die Peperoni in feine Ringe schneiden. Die Oliven grob hacken. Die Basilikumblätter waschen, übereinanderlegen und in Streifen schneiden. Alle Zutaten mit Olivenöl, Zitronensaft, Salz und Pfeffer mischen.
6. Die Marinade mit den Meeresfrüchten gut mischen. Den Salat anschließend mindestens 4 Stunden zugedeckt im Kühlschrank durchziehen lassen.

Feinschmecker-Tip

Dazu essen die Italiener sehr gern „fettunta o bruschetta“. Das ist geröstetes Brot mit Olivenöl: Weißbrot mit guter Kruste in fingerdicke Scheiben schneiden und toasten. Die Brotscheiben noch warm mit einer halbierten Knoblauchzehe einreiben, mit Olivenöl (extra vergine) begießen, dann Salz und Pfeffer darüberstreuen.

Salat von Jakobsmuscheln

Insalata con coquilles St. Jacques

Für 4 Personen

Zubereitungszeit: ca. 35 Min.
ca. 1560 kcal/6530 kJ

12 Jakobsmuscheln
Salz
200 g Brokkoliröschen
8 Artischockenherzen
2 Stangen Staudensellerie
3 EL Olivenöl
3 EL Traubenkernöl
2 EL Weißweinessig
1 EL Zitronensaft
Pfeffer aus der Mühle
1 Bund Dill

1. Die Muscheln etwa 5 Minuten in kochendes Salzwasser geben, herausnehmen und abkühlen lassen.
2. Die Brokkoliröschen etwa 5 Minuten dünsten und abkühlen lassen.
3. Die Artischockenherzen abtropfen lassen und vierteln. Den Staudensellerie putzen, waschen und schräg in dünne Streifen schneiden.
4. Die Muscheln in Scheiben schneiden und mit den anderen Zutaten mischen.
5. Das Öl mit dem Essig, dem Zitronensaft, Salz und Pfeffer kräftig verrühren.
6. Den Dill waschen und klein zupfen. Zusammen mit der Marinade unter die Salatzutaten geben. Abgedeckt 2 Stunden im Kühlschrank durchziehen lassen.
(auf dem Foto oben)

Thunfisch-Bohnen-Salat

Insalata di tonno e fagioli

Für 4 Personen

Zubereitungszeit: ca. 40 Min.
ca. 1800 kcal/7530 kJ

200 g schwarze Feuerbohnen
Salz
2 rote Zwiebeln
8 EL Olivenöl
4 EL Weißweinessig
Pfeffer
200 g Thunfisch in Öl
½ Kopf Eisbergsalat
1 Bund Petersilie

1. Die Bohnen über Nacht in Wasser einweichen. Am nächsten Tag bei mittlerer Hitze zugedeckt 1½ bis 2 Stunden garen. Kurz vor Ende der Garzeit mit Salz würzen und anschließend abtropfen lassen.
2. Die Zwiebeln schälen, in feine Ringe schneiden und 30 Minuten in kaltes Wasser legen. Abseihen und ausdrücken.
3. Aus dem Olivenöl, dem Weißweinessig, Salz und Pfeffer eine Marinade rühren. Die noch heißen Bohnen mit den Zwiebelringen und der Sauce mischen. Etwa 1 Stunde durchziehen lassen.
4. Den Thunfisch in einem Sieb abtropfen lassen und mit einer Gabel in mundgerechte Stücke teilen.
5. Den Eisbergsalat putzen, klein schneiden, die Stücke waschen und anschließend trockenschleudern. Die Petersilie waschen, trockentupfen und hacken.
6. Die Bohnen in einem Sieb über einer Schüssel abtropfen lassen. Die Salatblätter in der aufgefangenen Sauce wenden. Dann die Bohnen und die Petersilie unterheben. Zum Schluß den Salat vorsichtig mit den Thunfischstücken mischen.
(auf dem Foto unten)

Variation

Statt der schwarzen Feuerbohnen können Sie auch jede andere Bohnensorte verwenden. Besonders gut schmecken beispielsweise Kidney-, Wachtel-, Flageolet- oder Schwarzaugenbohnen. Die Garzeiten betragen ebenfalls 1½ bis 2 Stunden.

KALTE VORSPEISEN FÜR FEURIGE FEINSCHMECKER

Kalte Antipasti reizen solo serviert oder als Komposition mehrerer kulinarischer Versuchungen durch ihren verführerischen Duft, ihre herzerfrischenden Farben und ihren unwiderstehlichen Geschmack. Kein Italiener läßt diese Köstlichkeiten aus.

(Marinierte Paprika, Rezept S. 28)

Marinierte Paprika

Peperoni marinati

Für 4 Personen
Zubereitungszeit: ca. 40 Min.
ca. 1200 kcal/5015 kJ

8 fleischige Paprikaschoten, rot, gelb, grün
3 Lorbeerblätter
¼ l Olivenöl
10 EL Weißweinessig
Pfeffer aus der Mühle
4 Knoblauchzehen
8 Anchovisfilets, 2 EL Kapern

1. Die gewaschenen und abgetrockneten Paprikaschoten über der Gasflamme erhitzen oder im Ofen grillen, bis die Haut schwarz wird und platzt. Sie läßt sich nun mit einem Messer ganz leicht abziehen.
2. Die Schoten halbieren. Die Stiele, die Samenkerne und die weißen Rippen entfernen. Die Schoten in 2 Zentimeter breite Streifen schneiden und auf eine Servierplatte legen. Die Lorbeerblätter darüber verteilen.
3. Das Olivenöl mit dem Weißweinessig und dem Pfeffer verrühren. Die Knoblauchzehen schälen und durch eine Presse drücken. Die Anchovisfilets mit einer Gabel zerdrücken. Die Kapern grob hacken. Alles mit dem Olivenöl mischen und über die Paprikastreifen gießen. Mindestens einen halben Tag durchziehen lassen.
(auf dem Foto S. 26/27)

Marinierte Zucchini

Zucchini marinate

Für 4 Personen
Zubereitungszeit: ca. 35 Min.
ca. 1200 kcal/5015 kJ

1 kg Zucchini
Olivenöl zum Braten
Mehl zum Wenden
1 Bund Pfefferminze
5 Knoblauchzehen
etwa 8 EL Balsamicoessig
Salz
Pfeffer aus der Mühle

1. Von den Zucchini den Blüten- und Stielansatz entfernen. Die Früchte waschen, abtrocknen und der Länge nach in ½ Zentimeter dicke Scheiben schneiden.
2. In einer großen Pfanne reichlich Olivenöl erhitzen. Die Zucchini in Mehl wenden und portionsweise von beiden Seiten hellbraun braten. Danach auf Küchenkrepp abtropfen lassen.
3. Die Pfefferminze waschen, trockentupfen und fein hacken. Die Knoblauchzehen schälen und in Scheiben schneiden.
4. Die Zucchini abwechselnd mit der Pfefferminze und dem Knoblauch in eine flache Schüssel schichten. Dabei jede Lage mit dem Balsamicoessig beträufeln, salzen und pfeffern. Die Zucchini nun 3 bis 4 Stunden im Kühlschrank durchziehen lassen.
(auf dem Foto: oben)

Marinierte Schalotten

Scalogni marinati

Für 4 Personen
Zubereitungszeit: ca. 20 Min.
ca. 1080 kcal/4520 kJ

1 kg Schalotten
⅛ l Olivenöl
2 TL getrockneter Oregano
2 Lorbeerblätter
⅛ l Kräuteressig
Salz
Pfeffer aus der Mühle

1. Die Schalotten schälen und bis zur Hälfte einschneiden. Das Olivenöl in eine Kasserolle gießen. Die Schalotten darin schwenken. Dann im vorgeheizten Ofen bei 200° C etwa 15 Minuten backen. Herausnehmen, die Schalotten wenden und für weitere 15 Minuten in den Ofen schieben.
2. Den Oregano und die Lorbeerblätter mit dem Kräuteressig mischen. Salz und Pfeffer hinzufügen. Die Marinade über die noch heißen Schalotten gießen, gut wenden und etwa 3 bis 4 Stunden durchziehen lassen.
(auf dem Foto: unten)

Feinschmecker-Tip

Getrocknete Kräuter entfalten ihr Aroma besser, wenn sie vor der Verwendung im Mörser oder zwischen den Fingern zerrieben werden.

Melone mit Salami

Melone e salame

Für 4 Personen

Zubereitungszeit: ca. 20 Min.
ca. 1045 kcal/4370 kJ

2 Netzmelonen
4 cl Amaretto oder Portwein
8 schwarze Oliven ohne Kern
125 g Salami, dünn geschnitten
schwarzer Pfeffer aus der Mühle
nach Belieben einige Basilikumblätter

1. Die gekühlten Melonen halbieren, entkernen und in Spalten schneiden. Je Spalt 2 bis 3 Kugeln mit einem Kugelausstecher herausdrehen. Die Melonenschiffe auf 4 Teller setzen. In die Kugelöffnungen den Amaretto oder Portwein füllen.
2. Die Melonenkugeln mit den schwarzen Oliven auf Holzspießchen stecken und mit auf die Teller legen.
3. Die Salamischeiben zur Hälfte einschneiden, die Hälften auseinanderdrehen und rundherum um die Melonenschiffe setzen. Darüber den schwarzen Pfeffer mahlen. Nach Belieben mit Basilikumblättern dekorieren.
(auf dem Foto: links)

Mozzarella mit Paprika

Mozzarella con peperoni

Für 4 Personen

Zubereitungszeit: ca. 35 Min.
ca. 1830 kcal/7650 kJ

3 rote Paprikaschoten
3 gelbe Paprikaschoten
300 g Mozzarella
8 schwarze Oliven ohne Stein
6 EL Balsamicoessig
8 EL Olivenöl
Salz
schwarzer Pfeffer aus der Mühle
einige Basilikumblätter

1. Die gewaschenen Paprikaschoten über der Gasflamme erhitzen oder im Ofen grillen, bis die Haut schwarz wird und platzt. Die Schoten herausnehmen und die Haut abziehen.
2. Die Paprikaschoten halbieren, von Samenkernen und Rippen befreien und in breite Streifen schneiden.
3. Mozzarella und Oliven in Scheiben schneiden.
4. Die Paprikastreifen sowie die Mozzarellascheiben abwechselnd fächerförmig auf 4 Teller legen. Die Olivenscheiben darüber verteilen.
5. Den Essig und das Olivenöl eßlöffelweise über den Mozzarella und den Paprika geben, dann salzen, pfeffern und mit Basilikumblättern dekorieren.
(auf dem Foto: rechts)

Bohnenpaste

Purea di fagioli

Zubereitungszeit: ca. 15 Min.
ca. 2180 kcal/9120 kJ
(ohne Brot und Kapern)

Bohnenpaste:

150 g gekochte weiße Bohnen
3 Anchovisfilets
½ Bund Salbei
2 EL Olivenöl
1 EL Worcestersauce
1 EL scharfer Senf
1 Prise Ingwer
1 Prise Salz
Pfeffer aus der Mühle

dazu:

italienisches Brot
Kapern

1. Die Bohnen zusammen mit den Anchovisfilets pürieren. Den Salbei waschen, trockentupfen und bis auf einige Blätter zur Dekoration fein hacken.
2. Den Salbei, das Olivenöl, die Worcestersauce, den Senf, Ingwer, Salz und Pfeffer mit dem Bohnenpüree gut vermischen.
3. Die Bohnenpaste dick auf italienisches Brot streichen. Darauf einige Kapern verteilen und mit Salbeiblättern dekorieren.
(auf dem Foto oben: rechts)

Feinschmecker-Tip

Je kleiner die Kapern, desto besser ist der Geschmack. „Nonpareilles" heißt die beste Sorte.

Basilikumdip

Una salsa al basilico

Zubereitungszeit: ca. 10 Min.
ca. 440 kcal/18 410 kJ
(ohne Gemüse)

Basilikumdip:

2 Bund Basilikum
4 EL Crème fraîche
2 EL Olivenöl
Saft von ½ Zitrone
Salz, Pfeffer aus der Mühle
1 Prise Zucker

dazu:

in Stifte geschnittene Möhren,
Paprika (rot, gelb, grün),
Staudensellerie und Gurke

1. Die Basilikumblätter waschen, trockentupfen und zusammen mit den restlichen Zutaten im Mixer pürieren.
2. Das Ganze nochmals abschmecken. Die Sauce als Dip zu den Gemüsestiften servieren.
(auf dem Foto oben: links)

Feinschmecker-Tip

Verwenden Sie Basilikum möglichst frisch, denn so ist das Aroma wesentlich intensiver als bei getrocknetem. Basilikum wird auch als Pflanze in kleinen Blumentöpfen angeboten. Wenn Sie gleich 2 oder 3 Pflanzen kaufen, haben Sie immer frisches Basilikum zur Hand und können von der einen Pflanze ernten, während die andere nachwächst.

Salamipäckchen

Involtini di ravanelli

Für 4 Personen
Zubereitungszeit: ca. 20 Min.
ca. 1400 kcal/5860 kJ

12 Radieschen
6 grüne Oliven ohne Stein
24 Scheiben Mailänder Salami
Pfeffer aus der Mühle
3 EL geriebener Meerrettich
Salz
1 Prise Zucker
100 ml Sahne

1. Die Radieschen putzen, waschen und trockentupfen. Die Oliven einmal längs halbieren.
2. Eine Olivenhälfte auf einen Holzspieß stecken. Dann ein mit zwei Scheiben Salami umwickeltes Radieschen sowie die zweite Olivenhälfte draufschieben. Darüber frischen Pfeffer geben.
3. Den Meerrettich mit Salz und Zucker mischen. Die Sahne steif schlagen und darunterziehen. Zu den eingewickelten Radieschen servieren.
(auf dem Foto unten)

Carpaccio vom Rind

Carpaccio di manzo

Für 4 Personen

Zubereitungszeit: ca. 45 Min.
ca. 2010 kcal/8410 kJ

400 g Rinderfilet am Stück
8 EL Olivenöl
4 EL Walnußöl
4 EL Balsamicoessig
2 EL Weißweinessig
Salz
weißer Pfeffer
3 Knoblauchzehen
2 EL Kapern
2 Stengel Frühlingszwiebeln
8 Walnußhälften
100 g Parmesankäse am Stück

1. Das Rinderfilet für etwa 2 Stunden ins Tiefkühlgerät legen und anfrosten.

2. Aus dem Olivenöl, dem Walnußöl, dem Balsamicoessig, dem Weißweinessig, Salz und Pfeffer eine Marinade rühren. Davon je einen Eßlöffel auf 4 Teller geben und mit einem Pinsel gleichmäßig verstreichen.

3. Nun die Knoblauchzehen schälen und durch eine Presse drücken. Die Kapern fein hacken. Die Frühlingszwiebeln in feine Ringe schneiden. Die Walnußhälften grob hacken. Die vorbereiteten Zutaten in die restliche Marinade geben und kurz ziehen lassen.

4. Das gefrorene Rinderfilet in hauchdünne Scheiben schneiden und fächerförmig auf die Teller legen.

5. Die Marinade über das Rinderfilet verteilen. Mit Folie abdecken und anschließend etwa 1 Stunde (nicht im Kühlschrank) gut durchziehen lassen.

6. Kurz vor dem Servieren den Parmesankäse mit einem Gurkenhobel direkt über das Fleisch hobeln.

(auf dem Foto: rechst)

Pesto

Pesto

Für 4 Personen

Zubereitungszeit: ca. 15 Min.
ca. 3390 kcal/14 180 kJ

200 g Basilikum, Thymian und Salbei
4 Knoblauchzehen
10 schwarze Oliven ohne Stein
100 g Pinienkerne
100 g geriebener Pecorino (Schafskäse)
250 ml Olivenöl
Salz
Pfeffer aus der Mühle

1. Die Kräuter waschen, trockentupfen und zusammen mit den geschälten Knoblauchzehen, den Oliven und den Pinienkernen sehr fein hacken. Anschließend im Mörser fein zerreiben.

2. Das Kräutergemisch mit dem Schafskäse in eine Schüssel geben. Das Olivenöl hinzufügen, salzen und pfeffern. Dann alles gut miteinander verrühren.

(auf dem Foto: links)

HÜHNERLEBER-CREME

Crema di fegato di pollo

Für 4 Personen
Zubereitungszeit: ca. 50 Min.
ca. 970 kcal/4060 kJ

200 g frische Rindermilz
100 g frische Hühnerleber
1 Zwiebel
3 EL Olivenöl
1 TL getrockneter Thymian
1 TL getrockneter Oregano
Salz
Pfeffer aus der Mühle
⅛ l trockener Weißwein
3 EL Kapern
4 Anchovisfilets

1. Die Rindermilz auf einem Brett mit dem Messerrücken ausschaben. Die Hühnerleber häuten und klein schneiden. Die Zwiebel schälen und fein würfeln.
2. Das Olivenöl erhitzen. Die Zwiebelwürfel darin glasig dünsten. Die Rindermilz, die Hühnerleber, die getrockneten Kräuter, Salz und Pfeffer hinzufügen. Alles gut mischen und 2 Minuten braten.
3. Den Weißwein dazugießen und unter ständigem Rühren 10 Minuten köcheln lassen, bis die Flüssigkeit verdunstet ist.
4. Die Masse zusammen mit den Kapern und den Anchovisfilets durch ein Sieb streichen. Abschmecken.
5. Dann die Masse in eine Terrinen- oder Kastenform füllen, mit einem Löffel festdrücken und glatt streichen. 3 Stunden in den Kühlschrank stellen. Dann mit einem in heißes Wasser getauchten Eßlöffel Portionen abstechen.
(auf dem Foto: unten)

FEINSCHMECKER-TIP

Die Hühnerlebercreme wird entweder auf einem angemachten Blattsalat, zum Beispiel Feldsalat oder Lollo rosso, serviert oder auch einfach auf Brot gestrichen. Wenn Sie Gäste verwöhnen wollen: Die Creme in einen Spritzbeutel füllen und auf Selleriestangen spritzen.

KALBSLEBER-TERRINE

Paté di fegato di vitello

Für 4 Personen
Zubereitungszeit: ca. 60 Min.
ca. 4120 kcal/17 240 kJ

750 g Kalbsleber
4 Schalotten
1 kleiner Zweig Rosmarin
1 Bund Salbei
3 EL Olivenöl
Salz
Pfeffer aus der Mühle
1 EL Marsala
300 g Butter
6 EL Sahne
1 EL Grappa
Butter für die Form

1. Die Leber häuten und klein schneiden. Die Schalotten schälen und würfeln.
2. Die Kräuter waschen und trockentupfen. Die Rosmarinnadeln und die Hälfte der Salbeiblätter fein hacken. Den Rest Salbei beiseite legen.
3. Das Olivenöl erhitzen. Die Schalotten und die Leber unter Rühren anbraten. Die Kräuter, Salz, Pfeffer und Marsala hinzufügen. Einige Minuten dünsten, bis die Leber durch ist.
4. Die abgekühlte Leber nun mehrmals durch den Fleischwolf drehen. Mit einem Handrührgerät erst nach und nach die Butter, dann die Sahne und den Grappa unter die Masse schlagen.
5. Eine Form einfetten. Auf den Boden die Salbeiblätter dekorativ legen. Die Masse einfüllen, festdrücken und über Nacht kalt stellen. Vor dem Servieren stürzen.
(auf dem Foto: oben)

Gefüllte Eier

Uova farcite

Für 4 Personen
Zubereitungszeit: ca. 40 Min.
ca. 980 kcal/4100 kJ

8 Eier
1 Brötchen
Saft von 1 Zitrone
1 EL Olivenöl
2 Knoblauchzehen
10 Blätter Salbei
½ Bund Petersilie
2 EL Kapern
Salz
Pfeffer aus der Mühle
8 grüne Oliven ohne Stein

1. Die Eier hart kochen, abkühlen lassen und schälen. Das Brötchen würfeln und in dem Zitronensaft und dem Olivenöl einweichen.

2. Nun die Knoblauchzehen schälen und zerdrücken. Den Salbei und die Petersilie waschen, trocknen und zusammen mit den Kapern fein hacken.

3. Das eingeweichte Brötchen mit den Zutaten gut vermengen. Eventuell den Pürierstab dafür verwenden. Mit Salz und Pfeffer würzen.

4. Die Eier halbieren und das Eigelb vorsichtig im Ganzen herausnehmen. Zwei Drittel der Brötchenmasse in die Vertiefungen füllen.

5. Das Eigelb wieder darauf setzen und etwas festdrükken. Den Rest der Masse auf das Eigelb streichen und jeweils eine halbe Olive hineindrücken.

(auf dem Foto: links)

GEFÜLLTE TOMATEN

Pomodori farciti

Für 4 Personen

Zubereitungszeit: ca. 45 Min.
ca. 1300 kcal/5440 kJ

4 mittelgroße Tomaten
4 EL Olivenöl
Salz, Pfeffer aus der Mühle
1 Zwiebel
1 Knoblauchzehe
1 Bund Basilikum
1 Bund frischer Oregano
2 EL Weißwein
1 EL Balsamicoessig
2 bis 3 EL Semmelbrösel
125 g fester Ricotta
40 g geriebener Parmesankäse

1. Die Tomaten quer halbieren und aushöhlen.
2. Das Olivenöl erhitzen. Die Tomaten darin kurz dünsten. Herausnehmen, würzen und abkühlen lassen.
3. Nun die Zwiebel und die Knoblauchzehe schälen. Die Kräuter waschen und trocknen. Bis auf 8 Basilikumblätter alles fein hacken. Im verbliebenen Öl anbraten.
4. Mit Wein und Essig ablöschen und die Flüssigkeit etwas verdampfen lassen. Die Brösel kurz mitbraten.
5. Den Ricotta zerbröckeln und mit der Bröselmasse mischen. Abschmecken.
6. Die Tomaten damit füllen. Mit Parmesan bestreuen und 3 Minuten übergrillen. Abgekühlt mit Basilikumblättern dekorieren.
(auf dem Foto: rechts)

Auberginen mit Rosinen

Melanzane von uva passa

Für 4 Personen

Zubereitungszeit: ca. 55 Min.
ca. 1390 kcal/5815 kJ

500 g Auberginen
Salz
50 g Rosinen
2 rote Zwiebeln
250 g Tomaten
200 g grüne Oliven ohne Stein
2 Bund Basilikum
Olivenöl zum Braten
⅛ l Weißweinessig
1 EL Zucker
1 EL Pinienkerne
1 EL Kapern
Pfeffer aus der Mühle

1. Die Auberginen waschen, von den Stielen befreien und in Würfel schneiden. In ein großes Sieb geben, kräftig salzen und 2 Stunden abtropfen lassen.
2. Die Rosinen etwa 15 Minuten in lauwarmem Wasser einweichen.
3. Die roten Zwiebeln schälen und in Ringe schneiden. Die Tomaten häuten, entkernen und das Fruchtfleisch mit einer Gabel zerdrücken.
4. Die Oliven klein schneiden. Die Basilikumblätter waschen, trockentupfen und hacken.
5. In einer großen Pfanne reichlich Olivenöl erhitzen. Die Auberginenwürfel mit Küchenkrepp trockentupfen, in das heiße Öl geben und unter mehrmaligem Wenden in der Pfanne 10 bis 15 Minuten goldbraun braten.
6. Mit einem Schaumlöffel die Auberginen aus der Pfanne nehmen, auf Küchenkrepp abtropfen lassen und anschließend in eine große Schüssel geben.
7. Im verbliebenen Öl die Zwiebelringe anbraten, dann die Tomaten sowie die Hälfte des Basilikums hinzufügen. Die Sauce etwa 10 Minuten kochen lassen.
8. Den Weißweinessig, den Zucker, die Pinienkerne, die Kapern und die abgetropften Rosinen in die Sauce rühren. Mit Salz und Pfeffer abschmecken.
9. Die Auberginen hinzufügen und etwa 10 Minuten bei sehr schwacher Hitze köcheln lassen. Anschließend abkühlen lassen. Vor dem Servieren mit dem restlichen Basilikum bestreuen.
(auf dem Foto oben)

Italienisches fritiertes Brot

Pane fritto

Zubereitungszeit: ca. 40 Min.
ca. 2120 kcal/8870 kJ
(ohne Wurst und Käse)

Brot:
500 g Mehl
8 EL Milch
½ TL Salz
kohlensäurehaltiges Mineralwasser
Öl zum Ausbacken

dazu:
Parmaschinken oder San-Daniele-Schinken, Salami, Mortadella
Parmesankäse am Stück und Oliven

1. In das Mehl eine Mulde drücken. Die Milch und das Salz hineingeben, dann verkneten. Nach und nach Mineralwasser unterarbeiten, bis ein glatter, geschmeidiger Teig entsteht. Abgedeckt 45 Minuten ruhen lassen.
2. Den Teig kurz durchkneten, auf einer bemehlten Arbeitsfläche dünn ausrollen und nach Belieben in Quadrate, Rechtecke oder Dreiecke schneiden.
3. Das Öl in einer Friteuse oder einem Topf auf 180° C erhitzen. Die Teigstücke portionsweise ausbacken und auf Küchenkrepp abtropfen lassen. Zu dem noch warmen Brot Schinken, Wurst, Käse und Oliven servieren.
(auf dem Foto unten)

Putenfleisch mit zwei Saucen

Tacchino alle due salse

Für 4 Personen

Zubereitungszeit: ca. 55 Min.
ca. 3190 kcal/1335 kJ

2 rote Zwiebeln
1 große Möhre, 1 Stange Porree
500 g Putenbrust am Stück
Salz
Pfeffer aus der Mühle
4 EL Olivenöl
⅛ l Rotwein
1 Lorbeerblatt
1 kleiner Zweig Rosmarin

Forellensauce:

2 geräucherte Forellenfilets
100 g Crème fraîche

Basilikumsauce:

4 Bund Basilikum
150 g Crème fraîche
etwa 4 EL Milch
1 EL milder Senf
2 Eigelb
1 EL Zitronensaft
⅛ l geschmacksneutrales Öl
Salz
Pfeffer aus der Mühle

außerdem:

2 EL Kapern
50 g Pinienkerne

1. Die Zwiebeln schälen. Die Möhre und den Porree putzen und waschen. Alles in große Stücke schneiden.

2. Die Putenbrust rundherum mit Salz und Pfeffer einreiben. Das Olivenöl erhitzen und das Fleisch darin von beiden Seiten anbraten.

3. Das Gemüse hinzufügen und kurz mit anbraten. Dann mit dem Rotwein ablöschen und das Lorbeerblatt und den Rosmarin dazugeben.

4. Das Fleisch im vorgeheizten Ofen bei 200° C 30 bis 40 Minuten garen. Herausnehmen und abkühlen lassen.

5. Für die Forellensauce den Bratenfond in einen kleinen Topf sieben, auf die Hälfte einkochen und abkühlen lassen.

6. Die Forellenfilets häuten und mit etwas Bratenfond und Crème fraîche pürieren. Anschließend durch ein Sieb streichen und mit Salz und Pfeffer abschmecken.

7. Für die Basilikumsauce die Basilikumblätter waschen, trocknen und zusammen mit der Crème fraîche und der Milch pürieren.

8. Den Senf, die Eigelbe und den Zitronensaft mit dem Handrührgerät verrühren. Das Öl unter Weiterrühren tropfenweise unterarbeiten, bis eine Mayonnaise entstanden ist. Mit der Basilikumcreme vermengen und mit Salz und Pfeffer würzen.

9. Zum Anrichten das Putenfleisch in hauchdünne Scheiben schneiden und auf zwei Platten legen. Die eine mit Forellensauce übergießen und mit Kapern belegen, auf die andere die Basilikumsauce und die Pinienkerne.

Gefüllter Schinken

Prosciuto farcito

Für 4 Personen

Zubereitungszeit: ca. 15 Min.
ca. 1405 kcal/5880 kJ

5 reife Feigen
120 g weicher Gorgonzola
40 ml Marsala
Pfeffer aus der Mühle
150 g Coppa-Schinken

1. Von 4 Feigen die Schale abziehen und die Früchte in Stücke schneiden. Den Gorgonzola ebenfalls klein schneiden. Beides zusammen mit dem Marsala und dem Pfeffer pürieren.
2. Die Creme auf die Schinkenscheiben streichen, aufrollen und nebeneinander auf eine Platte legen. Mit der in Schnitze geschnittenen restlichen Feige dekorieren.
(auf dem Foto: oben)

Variation

Tauschen Sie den Marsala gegen einen trockenen Sherry aus. Dann schmeckt die Feigen-Käse-Creme pikanter.

Marinierte Champignons

Champignons marinati

Für 4 Personen

Zubereitungszeit: ca. 40 Min.
ca. 825 kcal/3450 kJ

500 g kleine weiße Champignons
4 rote Zwiebeln
¾ l Wasser
¼ l Essig
Salz
2 Knoblauchzehen
2 Zweige Rosmarin
10 EL Olivenöl
5 EL Weißweinessig
Pfeffer aus der Mühle

1. Die Pilze gründlich waschen. Die Stiele abschneiden und anderweitig verwenden. Die Zwiebeln schälen und in Ringe schneiden.
2. Das Wasser mit dem Essig und 1 Teelöffel Salz zum Kochen bringen. Die Champignons portionsweise für eine Minute hineingeben und mit einer Schaumkelle wieder herausnehmen. Anschließend die Zwiebeln ganz kurz hineintauchen.
3. Die Champignons und die Zwiebeln in ein Sieb füllen, mit einem Teller und einem zusätzlichen Gewicht beschweren und so gut 1 Stunde abtropfen lassen.
4. Nun die Knoblauchzehen schälen und durch eine Presse drücken. Den Rosmarin waschen, trockentupfen, die Nadeln abstreifen und hacken.
5. Das Olivenöl mit dem Weißweinessig, dem Knoblauch, dem Rosmarin, Salz und Pfeffer verrühren. Über die Champignons und die Zwiebeln gießen. Alles gut vermengen und 1 Tag im Kühlschrank durchziehen lassen. Zwischendurch hin und wieder umrühren.
(auf dem Foto: unten)

Feinschmecker-Tip

Die marinierten Champignons werden nicht nur für ein italienisches Buffet genommen, sondern auch gern „als selbstgemachtes Mitbringsel" verschenkt: Die fertigen Pilze in ein fest verschließbares Glas geben. Eventuell noch mit Olivenöl bis zum Rand auffüllen und nach Belieben einen Rosmarinzweig und noch eine klein geschnittene Peperoni mit hineinlegen. Natürlich lohnt es sich auch für zu Hause einen Vorrat anzulegen. Die eingelegten Pilze halten kühl und dunkel gelagert einige Wochen.

Gemüseterrine

Paté di verdure miste

Für 8 Personen

Zubereitungszeit: ca. 60 Min.
ca. 2345 kcal/9810 kJ

400 g Erbsen, tiefgefroren
500 g Möhren
400 g Knollensellerie
500 g Zuckerschoten
1 Bund Thymian
1 Bund Petersilie
1 Bund Basilikum
100 g Butter
Salz
3 Eier
125 ml Sahne
2 EL Zitronensaft
1 Prise Zucker
Pfeffer aus der Mühle

zum Dekorieren:
Feldsalat
1 Orange

1. Die Erbsen auftauen. Die Möhren, den Knollensellerie und die Zuckerschoten putzen bzw. schälen und waschen.
2. Die Möhren und den Knollensellerie getrennt grob raspeln. Die Kräuter waschen, trockentupfen und bis auf die Basilikumblätter fein hacken.
3. Jeweils 20 Gramm Butter in 4 verschiedenen Töpfen erhitzen und die Gemüsesorten hineingeben. Etwas salzen, dann einige Minuten dünsten.
4. Die Erbsen zusammen mit einem Ei und der Sahne fein pürieren. Die Hälfte des gehackten Thymians dazugeben.
5. Die Möhren mit einem Ei, einem Eigelb und der gehackten Petersilie verrühren.
6. An den Knollensellerie ein Eiweiß, den Zitronensaft und die Prise Zucker geben und vermischen.
7. Die verschiedenen Gemüsepürees mit Pfeffer und eventuell Salz abschmecken.
8. Eine rechteckige Terrinenform mit der restlichen Butter gut ausfetten. Die Hälfte des Erbsenpürees hineinfüllen. Die Oberfläche dicht mit Basilikumblättern belegen. Darauf den Sellerie, wieder eine Lage Basilikumblätter, die Zuckerschoten, das Möhrenpüree und abschließend das restliche Erbsenpüree schichten. Jede Schicht mit einem Löffel festdrücken und glatt streichen.
9. Die Form mit Alufolie abdecken und in die Fettpfanne stellen. Mit Wasser auffüllen und im vorgeheizten Ofen bei 220° C etwa 1 Stunde garen. Danach abkühlen lassen und einen Tag in den Kühlschrank stellen.
10. Die Gemüsepastete auf eine Platte stürzen. Den Feldsalat waschen, trockenschleudern und um die Pastete legen. Mit Orangenscheiben dekorieren und mit dem restlichen Thymian bestreuen.
(auf dem Foto oben)

Thunfischflan

Budino di tonno

Für 8 Personen

Zubereitungszeit: ca. 45 Min.
ca. 2920 kcal/12 215 kJ

600 g Thunfisch in Öl
6 Blatt weiße Gelatine
40 g Butter
1 EL Mehl
etwa 200 ml Sahne
Salz
Pfeffer aus der Mühle
etwa 3 EL Zitronensaft
Öl für die Förmchen
8 schwarze Oliven ohne Stein
8 Zitronenscheiben
8 Basilikumblätter

1. 200 Gramm Thunfisch in 8 Stücke teilen und beiseite legen. Den Rest pürieren.
2. Die Gelatine in kaltem Wasser einweichen. In ¼ Liter heißem Wasser auflösen.
3. Die Butter schmelzen. Zuerst das Mehl, dann nach und nach die Sahne hineinrühren. Aufkochen lassen.
4. Die Sauce unter die Thunfischmasse rühren. Mit Salz, Pfeffer und Zitronensaft abschmecken. Die etwas abgekühlte Gelatine hinzugeben.
5. 8 Förmchen ausfetten und jeweils ein Stück Thunfisch hineinlegen. Die Masse bis zum Rand hineinfüllen. Etwa 6 Stunden im Kühlschrank erstarren lassen.
6. Die Förmchen stürzen und mit Olivenstücken, Zitronenscheiben und Basilikumblättern dekorieren.
(auf dem Foto unten)

Warme Appetitmacher

Heiße Antipasti für den ersten großen Hunger – da ist jeder Liebhaber der italienischen Küche Feuer und Flamme. Fritiertes Gemüse, gebratener Mozzarella oder doch lieber grüner Spargel? Bei der Auswahl der kleineren Köstlichkeiten kommt man ins Schwitzen, bei der ersten Kostprobe ins Schwärmen und beim letzten Bissen ins Träumen – von einer zweiten Portion.

(Überbackene Steinpilze, Rezept S. 50)

ÜBERBACKENE STEINPILZE

Funghi con salsa di capperi

Für 4 Personen

Zubereitungszeit: ca. 35 Min.
ca. 1410 kcal/6900 kJ

500 g Steinpilzköpfe
1 Zwiebel
2 Knoblauchzehen
1 Bund Petersilie
1 TL getrockneter Oregano
4 EL Semmelbrösel
3 EL geriebener Parmesankäse
Salz
Pfeffer aus der Mühle
etwa ⅛ l Olivenöl

1. Die Steinpilzköpfe waschen, gut trocknen und mit der Öffnung nach oben dicht nebeneinander in eine feuerfeste Form setzen.
2. Die Zwiebel schälen und fein würfeln. Die Knoblauchzehen ebenfalls schälen und durch eine Presse drücken. Die Petersilie waschen, trocknen und hacken.
3. Die Zwiebeln, den Knoblauch und die Petersilie mit dem Oregano, den Semmelbröseln, 1 Eßlöffel Parmesan, Salz, Pfeffer und dem Olivenöl gut vermischen. In die Pilzköpfe füllen. Mit dem restlichen Parmesan bestreuen und im vorgeheizten Ofen etwa 20 Minuten bei 180 bis 200° C überbacken.
(auf dem Foto S. 48/49)

AUSTERNPILZE MIT KAPERNSAUCE

Funghi al forno con salsa di capperi

Für 4 Personen

Zubereitungszeit: ca. 55 Min.
ca. 2670 kcal/11 190 kJ

600 g Austernpilze
200 g Mehl
3 Eigelb
¼ l Milch
Salz
Pfeffer aus der Mühle
2 Knoblauchzehen
1 Eiweiß
Öl zum Ausbacken

Kapernsauce:
2 Becher Crème fraîche
etwa 100 ml Milch
2 EL Kapernflüssigkeit
1 EL Zitronensaft
1 Prise Zucker
1 Bund Basilikum
2 Röhrchen Kapern

1. Die Austernpilze putzen (nicht waschen). Von dem Mehl 4 Eßlöffel abnehmen und die Pilze darin wenden.
2. Das restliche Mehl mit den Eigelben und der Milch zu einem dickflüssigen Teig verrühren. Salz, Pfeffer und die zerdrückten Knoblauchzehen hinzufügen. Das Eiweiß steif schlagen und lokker unterziehen.
3. Das Öl in einer Friteuse oder in einem Topf erhitzen. Die Austernpilze Stück für Stück durch den Teig ziehen und im heißen Öl goldbraun ausbacken. Auf Küchenkrepp abtropfen lassen.
4. Für die Kapernsauce die Crème fraîche mit der Milch, der Kapernflüssigkeit und dem Zitronensaft glatt rühren. Mit Salz, Pfeffer und Zucker abschmecken.
5. Die Basilikumblätter waschen, trockentupfen und fein hacken. Zusammen mit den Kapern in die Sauce rühren. Die Kapernsauce als Dip zu den noch warmen Austernpilzen servieren.
(auf dem Foto rechts)

Pflaumen im Schinkenmantel

Prugne avvolte in prosciuto

Für 4 Personen

Zubereitungszeit: ca. 20 Min.
ca. 1060 kcal/4435 kJ

16 getrocknete, ungeschwefelte Backpflaumen ohne Stein
125 g Parmaschinken oder San-Daniele-Schinken
16 Salbeiblätter
Öl für die Form
3 EL geriebener Parmesankäse

1. Die Backpflaumen etwa 2 Stunden in Wasser einweichen. Anschließend abgießen und trockentupfen.

2. Den Parma- oder San-Daniele-Schinken in etwa 4 Zentimeter breite Streifen schneiden. Den Salbei waschen und trockentupfen.

3. Je eine Pflaume mit einem Salbeiblatt, dann mit einem Schinkenstreifen umwickeln. Mit einem Holzspieß feststecken.

4. Eine flache Auflaufform einfetten, die Pflaumen nebeneinanderlegen und mit dem Käse bestreuen. Bei 180°C etwa 20 Minuten überbacken.

(auf dem Foto: oben)

Gebratener Mozzarella

Mozzarella fritta

Für 4 Personen

Zubereitungszeit: ca. 30 Min.
ca. 1950 kcal/8160 kJ

- *300 g Mozzarella*
- *1 Knoblauchzwiebel*
- *2 Eier*
- *Salz*
- *3 EL Mehl*
- *3 EL Semmelbrösel*
- *Öl zum Braten*
- *getrockneter Oregano*

1. Den Mozzarella in etwa 1½ Zentimeter große Würfel schneiden. Die Knoblauchzehen schälen und je nach Größe halbieren oder vierteln. Je ein Stück Knoblauch ganz in einen Käsewürfel hineinstecken.

2. Die Eier mit Salz verschlagen. Das Mehl und die Semmelbrösel auf je einen Teller geben.

3. Die Käsewürfel erst in Mehl, dann in den Eiern und zuletzt in den Bröseln wenden. Mit den Händen gut andrücken.

4. Das Öl in einer Pfanne erhitzen und die Mozzarellawürfel rundherum ganz kurz braten. Auf Küchenkrepp abtropfen lassen. Noch heiß mit Oregano bestreuen.

(auf dem Foto: unten)

Gebackene Auberginen

Melanzane al forno

Für 4 Personen

Zubereitungszeit: ca. 40 Min.
ca. 1380 kcal/5775 kJ

800 g Auberginen
Salz
Olivenöl zum Braten
2 Zweige Majoran
2 Zweige Thymian
6 Eier
6 EL Milch
Cayennepfeffer

1. Die Auberginen waschen, die Stiele entfernen und die Früchte in ½ Zentimeter dicke Scheiben schneiden. Von beiden Seiten salzen und auf einem Sieb Wasser ziehen lassen.
2. Die Auberginen trockentupfen und portionsweise in heißem Olivenöl von beiden Seiten braten. Auf Küchenkrepp abtropfen lassen.
3. Eine flache Auflaufform dünn mit Olivenöl auspinseln. Die Auberginenscheiben fächerförmig hineinlegen.
4. Den Majoran und den Thymian waschen, trocknen und hacken. Die Eier mit der Milch, den Kräutern, Salz und Cayennepfeffer verquirlen und über die Auberginen gießen. Im vorgeheizten Ofen bei 200° C etwa 40 Minuten backen.
(auf dem Foto oben)

Scampi auf Auberginen

Melanzane al forno

Für 4 Personen

Zubereitungszeit: ca. 50 Min.
ca. 1920 kcal/8030 kJ

2 Auberginen
Salz
12 Scampi
Pfeffer aus der Mühle
etwa 2 EL Mehl
etwa ¼ l Olivenöl
4 Knoblauchzehen
12 Salbeiblätter
100 g geriebener Parmesankäse

1. Die Auberginen waschen, die Stiele entfernen und die Früchte in 12 Scheiben schneiden. Von beiden Seiten salzen und auf einem Sieb Wasser ziehen lassen.
2. Die Scampi von der Schale befreien, einmal längs halbieren, den Darm entfernen. Die Scampi salzen und pfeffern.
3. Die Auberginenscheiben trockentupfen, beidseitig in Mehl wenden und in heißem Olivenöl goldbraun braten. Anschließend nebeneinander in eine flache Auflaufform legen.
4. In dem verbliebenen Öl die Scampi braten.
5. Nun die Knoblauchzehen schälen, durch eine Presse drücken und mit etwas Öl aus der Pfanne verrühren. Auf die Auberginenscheiben streichen. Darauf je ein Salbeiblatt legen.
6. Je zwei Scampihälften über Kreuz auf eine Auberginenscheibe legen. Den Parmesankäse darüber verteilen und bei 180° C etwa 10 Minuten überbacken.
(auf dem Foto unten)

Feinschmecker-Tip

Eine köstliche Beigabe dazu sind würzige Tomatenschnitten: 500 Gramm gehäutete Tomaten grob zerkleinern. Ein Bund gehacktes Basilikum, 2 zerdrückte Knoblauchzehen, eine klein gewiegte Peperoni, Salz, Pfeffer und 4 Eßlöffel Olivenöl gut mit dem Tomatenpüree verrühren. 1 Stunde durchziehen lassen. Dann dick auf getoastete Weißbrotscheiben streichen.

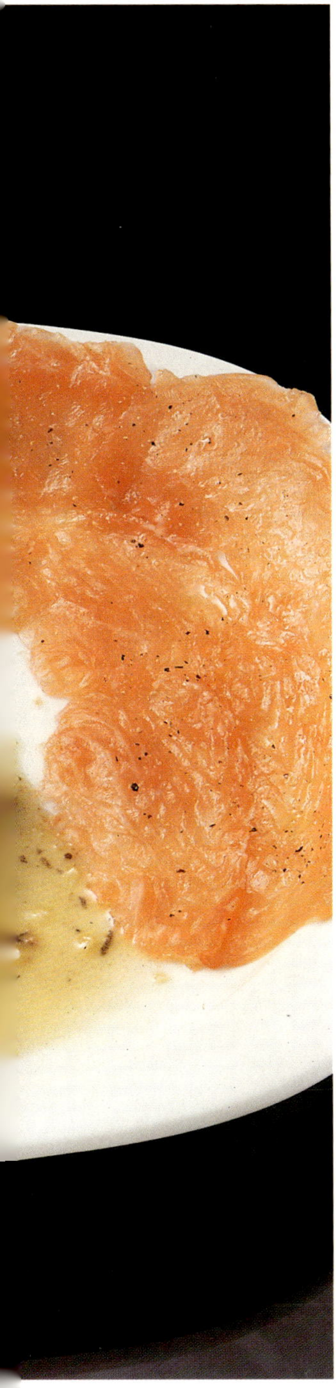

Grüner Spargel mit Lachs-Carpaccio

Asparagi verdi
con carpaccio di salmone

Für 4 Personen

Zubereitungszeit: ca. 45 Min.
ca. 3490 kcal/14 600 kJ

400 g Lachs am Stück
800 g grüner Spargel
3 TL Salz
1 TL Zucker
200 g Butter
5 Knoblauchzehen
10 Anchovisfilets
8 EL Olivenöl
15 g schwarze Trüffeln
4 EL Balsamicoessig
Salz
Pfeffer aus der Mühle
60 g geriebener Parmesankäse

1. Das Lachsstück 3 bis 4 Stunden ins Tiefkühlgerät legen.

2. Den Spargel, falls notwendig, im unteren Drittel dünn schälen. Die Enden abschneiden, dann waschen. Mit Küchengarn zu 4 Bündeln zusammenbinden.

3. Etwa 3 Liter Wasser mit dem Salz, dem Zucker und einem Stückchen Butter zum Kochen bringen. Den Spargel je nach Dicke darin 8 bis 10 Minuten garen.

4. Nun die Knoblauchzehen schälen und zusammen mit den Anchovisfilets sehr fein hacken.

5. 4 Eßlöffel Olivenöl erhitzen und beides darin anbraten. Die Butter dazugeben und unter ständigem Rühren schmelzen lassen. Das Stück Trüffel auf einer Reibe hineinreiben und kurz in der Butter erwärmen.

6. Den gefrorenen Lachs in dünne Scheiben schneiden und fächerförmig auf 4 Tellerränder legen.

7. Das restliche Olivenöl mit dem Balsamicoessig, Salz und Pfeffer verrühren und mit einem Pinsel auf die Lachsscheiben verteilen.

8. In die Mitte der 4 Teller den gut abgetropften Spargel dekorieren. Erst die heiße Trüffelbutter, dann den geriebenen Parmesankäse darüber geben.

Variation

Schwarze Trüffel sind schwer zu bekommen und teuer. Nehmen Sie statt dessen 75 Gramm gehackte Pinienkerne. So bekommt das Gericht einen mehr nußartigen Charakter.

Meeresfrüchte im Teigmantel

Frutti di mare con pastettata

Für 4 Personen

Zubereitungszeit: ca. 45 Min.
ca. 2315 kcal/9685 kJ

2 Eigelb
150 g Mehl
¼ l Wasser
Salz
Pfeffer aus der Mühle
Knoblauchpulver
400 g küchenfertige Sardinen
400 g Scampi ohne Schale
Öl zum Ausbacken

1. Die Eigelbe mit dem Mehl und dem Wasser glatt rühren. Mit Salz, Pfeffer und Knoblauchpulver würzen. Etwa 1 Stunde quellen lassen.

2. Die Sardinen waschen und gut trockentupfen. Die Scampi vom Darm befreien, kurz abspülen und ebenfalls gut trocknen.

3. Das Öl in einer Friteuse oder einem Topf auf 180° C erhitzen. Die Sardinen und Scampi portionsweise mit einer Gabel durch den Teig ziehen, in das heiße Fett gleiten lassen und etwa 2 bis 5 Minuten goldgelb backen. Zwischendurch einmal wenden. Anschließend auf Küchenkrepp abtropfen lassen und heiß servieren.

(auf dem Foto: oben)

Fritiertes Gemüse mit Remoulade

Frittata di verdura alla salsa remoulade

Für 4 Personen

Zubereitungszeit: ca. 60 Min.
ca. 3520 kcal/14 730 kJ

Remoulade:

1 Knoblauchzehe
4 Anchovisfilets
2 TL Kapern
1 große Gewürzgurke
1 EL Kräuteressig
1 EL Wasser
Pfeffer aus der Mühle
Salz
3 Eigelb
⅛ l geschmacksneutrales Öl
1 TL mittelscharfer Senf
1 Prise Cayennepfeffer
½ Bund glatte Petersilie

Fritiertes Gemüse:

300 g Mehl
¼ l helles Bier
2 Eigelb
1 Bund Salbei
200 g Möhrenstifte
200 g Brokkoliröschen
200 g Blumenkohlröschen
200 g Zucchinistifte
2 Eiweiß
Öl zum Ausbacken

1. Für die Remoulade die Knoblauchzehe schälen und zerdrücken. Die Anchovisfilets, die Kapern und die Gewürzgurke fein hacken. Den Kräuteressig mit dem Wasser sowie Salz und Pfeffer gut verrühren.

2. Die Eigelbe mit einem Handmixer auf langsamer Stufe verquirlen. Unter ständigem Schlagen tropfenweise das Öl zugießen. Nun unter ständigem Rühren die Essigmischung dazugeben.

3. Die Remoulade mit dem Knoblauch, den Anchovisfilets, den Kapern und der Gewürzgurke gut mischen. Mit Senf und Cayennepfeffer abschmecken.

4. Die Petersilie waschen, trocknen und fein hacken. In die Remoulade rühren.

5. Für das fritierte Gemüse das Mehl mit dem Bier und den Eigelben glatt rühren. Mit Salz und Pfeffer würzen.

6. Die Salbeiblätter fein hakken und unter den Teig rühren. Etwa 1 Stunde quellen lassen.

7. Das Gemüse nacheinander in Salzwasser 2 bis 3 Minuten blanchieren. Herausnehmen, kurz in Eiswasser abschrecken, abtropfen und abkühlen lassen.

8. Das Öl in einer Friteuse oder einem Topf auf 180° C erhitzen. Die Eiweiße steif schlagen und unter den Teig heben.

9. Die Gemüsestücke trokkentupfen, durch den Teig ziehen und in das heiße Fett gleiten lassen. Etwa 3 bis 5 Minuten goldgelb backen. Dabei einmal wenden. Auf Küchenkrepp abtropfen lassen und sofort mit der Remoulade servieren.

(auf dem Foto: unten)

Gebratener Fenchel mit Parmaschinken

Frittura di finocchio
con prosciuto di Parma

Für 4 Personen
Zubereitungszeit: ca. 35 Min.
ca. 2680 kcal/11 215 kJ

1 kg Fenchelknollen
Mehl zum Wenden
Olivenöl zum Braten
300 g Parmaschinken
4 EL Olivenöl
2 EL Balsamicoessig
Salz
Pfeffer aus der Mühle
1 kleines Stück Parmesankäse

1. Das Fenchelgrün beiseite legen. Die Knollen putzen, waschen und längs in hauchdünne Scheiben schneiden. Darauf achten, daß die Scheiben noch zusammenhängen.
2. Die Fenchelscheiben in Mehl wenden und portionsweise in heißem Olivenöl von beiden Seiten braten.
3. Die Fenchelscheiben mit dem Parmaschinken auf 4 großen Tellern anrichten.
4. Das Olivenöl, den Balsamicoessig, Salz und Pfeffer verrühren und über den Fenchel träufeln. Anschließend den Parmesankäse direkt über Schinken und Gemüse mit einem Gurkenhobel hobeln. Mit gehacktem Fenchelgrün dekorieren.
(auf dem Foto: oben)

Zucchini mit Gorgonzola

Zucchini con Gorgonzola

Für 4 Personen

Zubereitungszeit: ca. 40 Min.
ca. 2670 kcal/11 170 kJ

600 g Zucchini
3 TL Salz
300 g fester Gorgonzola
100 g Butter
Pfeffer aus der Mühle
75 g geriebener Parmesankäse
75 g Semmelbrösel

1. Die Zucchini putzen und waschen. 3 Liter Wasser mit dem Salz erhitzen und die Zucchini darin 8 Minuten bei mittlerer Hitze kochen. Herausnehmen erkalten lassen.
2. Den Gorgonzola in Streifen schneiden. Eine große, flache Auflaufform mit etwas Butter ausfetten.
3. Die Zucchini so wie sie liegen einmal quer durchschneiden. Die Hälften einschneiden, so daß sie an einem Ende noch zusammenhalten. Die Zucchini nebeneinander in die Form setzen.
4. Die Gorgonzolastreifen zwischen die einzelnen Einschnitte stecken. Frischen Pfeffer darüber mahlen.
5. Nun die restliche Butter schmelzen und mit dem Parmesankäse und den Semmelbröseln gut vermengen. Über die Zucchini verteilen. Bei 200° C für etwa 5 Minuten in den Ofen schieben, dann 2 Minuten übergrillen.
(auf dem Foto: unten)

Spinatkuchen

Torta di spinaci

Für 8 Personen

Zubereitungszeit: ca. 60 Min.
ca. 1465 kcal/6130 kJ

20 g Hefe
etwa 4 EL Wasser
8 EL Olivenöl
300 g Mehl
Salz
1 kg Spinat
200 g Zwiebeln
2 Knoblauchzehen
10 grüne Oliven ohne Stein
80 g gehackte Pinienkerne
Pfeffer aus der Mühle
1 Eigelb
etwa 6 EL Milch

1. Die Hefe mit dem Wasser glatt rühren und mit 1 Eßlöffel Öl, dem Mehl, dem Salz und eventuell etwas Wasser zu einem glatten Teig verrühren. Zugedeckt 45 Minuten gehen lassen.

2. Den Spinat waschen und verlesen. Kurz in Salzwasser blanchieren. Dann gut abtropfen lassen.

3. Die Zwiebeln schälen und fein würfeln. Die Knoblauchzehen schälen und zerdrükken. Die Oliven in Ringe schneiden.

4. 4 Eßlöffel Öl erhitzen. Die Zwiebeln darin glasig dünsten. Den Knoblauch, die Oliven und die Pinienkerne hinzufügen. Kurz anbraten, salzen und pfeffern, dann abkühlen lassen.

5. Den Spinat portionsweise in einem Geschirrhandtuch ausdrücken und anschließend mit der Zwiebelmasse gut mischen.

6. Den Teig kurz durchkneten und zwei Platten im Format eines Backblechs ausrollen.

7. Das Blech ölen und mit einer Platte auslegen. Den Teig am Rand hochziehen. Die Spinatmasse darauf verteilen und mit der anderen Platte abdecken.

8. Das Eigelb mit der Milch verquirlen und die Teigoberfläche damit bestreichen. Im vorgeheizten Backofen bei 180° C etwa 30 Minuten backen. Den Spinatkuchen in kleine Rechtecke schneiden und heiß servieren.

REZEPTVERZEICHNIS

Abkürzungen:

EL	= Eßlöffel
TL	= Teelöffel
Msp.	= Messerspitze
ml	= Milliliter
g	= Gramm
l	= Liter

Elektrobacköfen:	Gasherd:
150° C/160° C	Stufe 1
175° C/180° C	Stufe 2
200° C	Stufe 3
220° C/225° C	Stufe 4
240° C	Stufe 5
250° C	Stufe 6

Bei einem Heißluftherd sind niedrigere Wärmegrade als beim Elektrobackofen ausreichend; es sei dazu auf die Bedienungsanleitung des Gerätes verwiesen.

Temperaturstufen: Die Angaben in diesem Buch beziehen sich auf Elektrobacköfen.
Kalorien-/Jouleangaben: Alle Kalorien-/Jouleangaben sind Zirkawerte und beziehen sich auf das ganze Gericht.

„FALKEN Feinschmecker" ist eine exquisite Kochbuchreihe, deren Bände immer einem besonderen Thema gewidmet sind. So kommt jeder Genießer auf seine Kosten. Fragen Sie Ihren Buchhändler!

CIP-Titelaufnahme der Deutschen Bibliothek

Reiter-Westphal, Susanne:
Antipasti: italienische Vorspeisen / Susanne Reiter-Westphal. –
Niedernhausen/Ts.: FALKEN, 1989
(FALKEN Feinschmecker)
ISBN 3-8068-1006-0

ISBN 3 8068 1006 0

Titelbild: TLC-Foto-Studio GmbH, Bocholt
Fotos: Grauel und Uphoff, Hannover, Foto S. 6; dpa, Frankfurt a. M., Barone
Übersetzung der Rezepttitel durch das Italienische Institut für Außenhandel, Abteilung Food
Gesamtkonzeption: Falken-Verlag GmbH, D-6272 Niedernhausen/Ts.

817 2635 4453 6271